青少年读
先秦史

中国地图出版社◎编著

中国地图出版社
·北京·

图书在版编目（CIP）数据

青少年读先秦史 ／ 中国地图出版社编著 ． —— 北京 ：
中国地图出版社，2024.11

ISBN 978-7-5204-3922-0

Ⅰ．①青… Ⅱ．①中… Ⅲ．①中国历史－先秦时代－
青少年读物 Ⅳ．① K220.9

中国国家版本馆 CIP 数据核字 (2024) 第 011146 号

QINGSHAONIAN DU XIANQIN SHI

青少年读先秦史

出版发行	中国地图出版社		邮政编码	100054
社　　址	北京市西城区白纸坊西街 3 号		网　　址	www.sinomaps.com
电　　话	010-83490076　　83495213		经　　销	新华书店
印　　刷	保定市铭泰达印刷有限公司		印　　张	7
成品规格	165 mm × 225 mm			
版　　次	2024 年 11 月第 1 版		印　　次	2024 年 11 月河北第 1 次印刷
定　　价	29.80 元			
书　　号	ISBN 978-7-5204-3922-0			

＊如有印装质量问题，请与我社联系调换。

前　言

　　近年来，传统文化复兴的呼声日渐高涨，这也体现在中学教育的导向上。中华文化绵延5000多年，历史学是其重要载体。中国人历来重视修史，尤其看重历史"鉴今"的功用。对中学生来说，其国家观、历史观正处于关键的形成期。爱国必先知史，只有了解祖国的来历，才能正确认识祖国。

　　然而，历代流传下来的历史文献多用文言文写成，又包含众多典故，这让普通中学生望而生畏。而且，史书浩繁，如果不加选择地阅读，读者将不易获得对中国历史主流的认识。因此，去粗取精、难度适宜的"中国史"就成为广大中学生提升历史核心素养的不二选择。

　　《青少年读先秦史》是基于教育部初中历史课程标准编写的，由20个反映相应时代历史特色的故事组成。除了主体文字，本书还包含精美插画、高清图片，内容翔实、形式多样，唯美、直观、有趣地呈现了波澜壮阔的先秦史。本书让你爱上历史，主动阅读，成为"知兴替，明得失"的更优秀的自己。

目 录

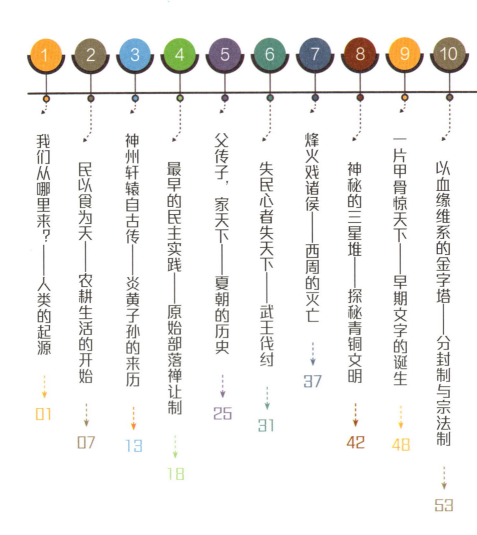

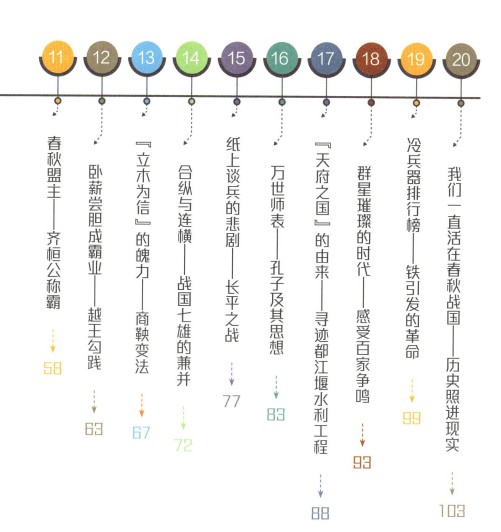

我们从哪里来？ ——人类的起源

导语

　　你是不是曾思考过，"我的祖先是谁？"是女娲娘娘捏出来的小泥人？上帝造的亚当、夏娃？还是来自星星的你？在这些说法中，哪一个是真实的？咱们来一探究竟吧。

　　远古时代，没有文字、照片、视频，我们应该怎样探究人类的起源呢？这要感谢考古学家，他们像警察破案一样，在土壤中寻找骨骼化石、炭屑烧骨、石器工具等"证据"，证明我国境内很早就有远古人类。而且，他们的分布十分广泛。

　　目前，在我国境内，已知最早的远古人类是距今约170万年的元谋人。在云南省元谋县，考古学家在一处荒凉的山坡上发现了他们的牙齿化石。他们可以直立行走，于是我们称其为"直立人"。对现代人而言，直立行走是大家普遍具有的身体机能之一。然而，对于比元谋人更早的远古人类而言，直立行走并不容易。因为脑容量太小，在行进时，他们和动物园里的猿猴并没有太大差别，也是采用手脚并用的方式攀爬、奔跑的。经过漫长的进化，他们才慢慢站直。直立行走使得人类能更容易地抬头望天或环顾四周，大大开阔了他们的视野。同时，双手获得解放，可以做更多事情。可见，"直立行走"对人类而言是一件多么重要的事情。

历史的车轮不断转动，到达距今约 70 万—20 万年的北京西南周口店。这里前有蜿蜒流淌、盛产鱼类的周口河，后有森林密布、出产各种动

◀ 周口店遗址

植物的龙骨山。考古学家在周口店发现了大量骨骼化石，它们来自四十多个不同的男女老幼。这说明，当时有一个相当完整的古人类群体在此繁衍生息，我们称他们为"北京人"。借助这些骨骼化石，考古学家大致复原了北京人的模样：面部低而扁，前额低平，颧骨和眉骨突出，鼻子宽扁，嘴巴前伸，牙齿粗大。北京人的平均身高约为 156 厘米。看到北京人的复原头像，你也许会想，老祖宗真谈不上帅气或美丽。他们的相貌接近猿，为什么要将其定义为"人"？这是因为，北京人遗址中有两样重要的遗存——用火遗迹和石器工具。

考古学家对遗址的土壤、石壁进行检测，发现了明显的火烤痕迹，还挖出了木炭、灰烬、烧石、烧骨，这说明北京人可以使用火！火的使用，使北京人从吃生食进化为吃熟食，而吃熟食更利于消化，使人更加强壮。同时，火还可以用于取暖、照明、驱赶野兽，让北京人住得更加温暖舒适、安全安心。火的使用，可真是人类进化史上了不起的进步啊！具体而言，北京人使用的火是天然火，比如雷电击中草木引发的火。他们通常轮流照看火源，保存火种。

▲ 北京人用火
（场景复原）

此外，北京人遗址中出土了十多万件石器，有砍砸器、刮削器、尖状器等众多类型，我们称这些纯手工制作的石器为"工具"。它们虽然粗糙，却能帮助人类获取更多的食物，极大地增强了北京人利用自然的能力。石器工具的出现是人类发展史上重要的里程碑！

借助火和石制工具，北京人具有了更强的生存能力。然而，他们的生活环境却危险重重：森林中遍布野兽，包括三门马、肿骨鹿、有象牙一般尖牙的剑齿虎……众多不利因素使北京人的平均寿命远低于现代中国人。他们想要活下去，就必须团结起来，成群结队地居住在一起，共同对抗野兽，获取食物，照顾彼此，我们将这种生活方式称为"群居"。

▲ **北京人头盖骨下落不明**

　　1929 年 12 月 2 日，中国古人类学家裴文中发现了北京人头盖骨化石，这对研究人类起源具有非常重要的学术意义。抗日战争爆发后，为了这些化石的安全，原本存放在北京协和医学院的头盖骨被安排转运到美国暂存。然而，在运送途中，北京人头盖骨却无端失踪了。这些化石是毁于战火，被劫掠到日本，还是仍在中国？其下落成为世纪悬案。图为北京人头盖骨模型。

　　距今约 30 000 年，周口店出现了更有智慧的人，我们称其为"晚期智人"，即住在北京人遗址"楼上"的山顶洞人。通过对山顶洞人八个不同个体的化石的研究，考古学家发现山顶洞人的模样与现代人基本一致。他们的平均脑容量也和现代人差不多，充满智慧的大脑使他们的生活非常"上档次"。在他们生活的地方，考古学家

◀ 复原后的山顶洞人

发现了居室、厨房、仓库、墓穴。山顶洞人也会用火，他们的食物来源不再局限于野兽和野果，还包括附近河中的鱼类。更令人惊叹的是，山顶洞人会将兽皮缝制成衣服，会把石子、兽牙、贝壳等穿成彩色项链，这说明他们已经掌握了磨光、钻孔的技术。

山顶洞人生活的时代，亲情已经产生。有血缘关系的人生活在一起，构成了"氏族社会"。当有亲人死亡时，山顶洞人会在死者的尸体周围撒上赤铁矿粉，而一些死者生前惯用的物品则会成为陪葬品，这是中国目前已知的较早的墓葬文化。在漫长的进化过程中，我们的祖先一步步迎来文明的曙光。

民以食为天——农耕生活的开始

导语

你知道"民以食为天"的俗语吗？在远古时代，中华先民的日常饮食是怎样的呢？

距今约 7000 年的河姆渡遗址是我国新石器时代最重要的文化遗址之一。在河姆渡遗址博物馆中，有一个名为"日出而作"的展厅，馆方在其中通过现代科技手段再现了河姆渡远古居民的生产、生活景象：屋前，爸爸手拿木杵，为稻谷脱壳；妈妈正用陶器煮饭；一个小男孩抱着木棍，来帮妈妈生火做饭；另一个小男孩则在追赶小动物。远处，男人们在农田中锄草、收割稻子，妇女们提着篮子采摘果实。根据考古学家对河姆渡遗址的发掘，馆方合理想象出了这一场景。房屋的出现，动植物的饲养、种植，陶器的使用等说明河姆渡人已经过上了定居的农耕生活，这种生活方式对他们的饮食产生了重要的影响，使他们能够比他们的祖先吃到更丰富的食物。

八九千年以前，我国开始进入新石器时代，出现了最早的人工栽培的农作物。在长期采摘天然果实的过程中，远古先民观察到植物生长的规律和过程，开始了人工种植的尝试。由于南北方的自然环境不同，长江流域的先民种植稻。考古学家在河姆渡遗址第四层发现了大量稻谷，其总量高达 120 吨以上。黄河流域的先民种植粟和黍。河北磁山遗址的多个粮食窖穴出土了以粟为主的粮食遗存。农作物栽培使远古先民不需要四处迁徙，而是得以过上定居的农耕生活。稻、粟、黍成为他们餐桌上的主食，我国南北主食的差异随之出现。

⊘ 新石器时代

新石器时代是考古学上设定的一个时间区段，是以陶器的发明和磨制石器的广泛使用为标志的人类物质文化发展阶段。这一时期，原始农业、家庭畜牧业、手工业有了较大发展，人类的生活资料有较可靠的来源。

　　广大先民实现定居生活之后，仍保留着采集野菜、野果和捕鱼、狩猎的习惯。今天，随时出现在餐桌上的蔬菜、瓜果和肉类，我们的先民也能享用其中的一些品类。西安半坡遗址出土的陶罐内盛有白菜籽或芥菜籽，秦安大地湾遗址有油菜籽出土，河姆渡遗址有葫芦籽和葫芦皮，远古居民还食用野大豆、苋菜、菠菜、灰灰菜等蔬菜。瓜果的种类比较多样：龙山文化各遗址出土了酸枣、葡萄、李子、莲子等遗存，河姆渡遗址有枣、桑葚的遗存。各类遗址出土的干果有山核桃、栗子、松子、榛子和橡子。

　　我们的祖先不仅采集、捕鱼、狩猎，而且会把捕获的暂时不吃的猎物养起来，以备慢慢享

半坡文化早期，木质茅 ▶
草屋顶圆形房屋剖面图

用。特别是过上定居生活后，固定的饲养场所和充足的饲料使家畜饲养业发展起来。远古先民逐渐驯化和饲养了猪、狗、牛、羊、马、鸡等六畜，从此他们的饮食中有了稳定的肉类来源。俗话说，靠山吃山，靠海吃海。山中的先民常吃鹿、獐、獾、貉、狸、野兔、熊、狼、狐等，水边的先民常吃各种鱼、龟、鳖、蚌、蛤蜊等。运气好的话，先民还可能打到大雁、灰鹤、鹰等。地上跑的、水里游的、天上飞的，这些动物扩大了远古先民的肉食来源，也极大地丰富了他们的饮食结构。先民的食材越来越丰富，怎样才能将丰富的食材烹制成丰盛的大餐呢？在穴居时期，他们就会用火烧烤食物，烧烤也成为最早的烹饪

龙山文化灰陶甑 ▶

方法。到了农耕定居时代，他们制造出样式、功能不一的烹饪工具，食物的营养和美味被进一步激发出来。对于先民来说，到了这个阶段，他们能够真正享用美食了。

受到孩童玩泥巴的启发，远古先民发明了陶器。他们将黏土捏制成型后，再经火烧，就得到了异常坚硬的陶器。这种炊具不易损坏且耐水。有了陶器，蒸煮食物的时代开始了。当时，常见的陶制炊具有釜、罐、盆、甑、瓶、壶、碗、碟、杯、盘等，其中陶釜被认为是中国最早的"锅"。人们将食物放入陶釜中，再加入适量的水，然后以火作用于釜的底部。一会儿，水沸腾了，食物被煮熟。陶甑是一种蒸制食物的炊具，其底部布满小孔，使用时把食物放在其中，再将甑放在釜等器具上。釜内盛水，置于火上加热。水沸腾后，产生的蒸汽可将甑中的食物蒸熟。在陶器的帮助下，除了煮和蒸，先民还创造了焖、炖、熬等烹饪方式，这些方法一直沿用到今天。

原始农耕定居生活的开始，推动着我国饮食文化的不断发展。今天，当我们烹饪、享用各种美食时，仍然为祖先的聪明才智和勤劳双手赞叹不已。

神州轩辕自古传
——炎黄子孙的来历

导语

众所周知，我们中国人有"炎黄子孙"的别称。这个名字是怎么来的？让我们一起探究远古历史吧。

在山东省嘉祥县，有当今中国规模较大、保存较完整的汉画像石群：武氏墓群石刻。在其中，有一幅画像尤为引人注目。只见画像中央有这样一位人物，他头上有角，耳鬓如戟，手持戈矛，足蹬弓矢，俨然一副战神的模样。相传，这就是九黎之君"蚩尤"。这幅画描绘了古时候一次震动天地的大战——黄帝战蚩尤。

通过这一距今久远的画像，我们似乎看到了当时激烈的战况。接着，我们不禁要问，黄帝为什么要与蚩尤大战呢？战斗的结果如何？

◀ 明人绘黄帝画像

　　相传，在几千年前，中国的土地上生活着很多原始部落，其中有熊氏、神农氏和九黎族逐渐强大起来。这三大部落的首领分别是黄帝、炎帝和蚩尤。

　　黄帝，姓公孙，名轩辕。传说，他刚一出生，就灵性十足，不久便会说话；幼年时，黄帝思维敏捷，诚实勤奋；成年后，他见闻广博，擅长发明创造，为部落发展作出了很多贡献。他受到人们的爱戴，成为部落首领。

　　炎帝，姓姜。传说，他天生聪慧，长大后向各部落传授刀耕火种之法，功劳不小。然而，出

清人绘炎帝画像 ▶

于本部落的私利，炎帝常常带领军队，进攻其他部落。为了自保，各部落陆续归附有熊氏。于是，炎帝便将矛头对准了黄帝。双方在阪泉（今河北省涿鹿县东南）交战，黄帝征服了炎帝，两大部落从此组成了炎黄联盟，黄帝成为部落联盟的首领。

正值炎黄联盟发展之时，在蚩尤的带领下，九黎族开始为乱四方。九黎族掌握了炼铜技术，能制造出各种各样的铜兵器，增加了其本就强大的攻击力。黄帝心系百姓，不想让他们再次遭受战乱的伤害。一开始，宅心仁厚的黄帝想通过谈判的方式劝说蚩尤停止战争，但是蚩尤不肯罢

◀ 黄帝战蚩尤

休，多次进犯炎黄联盟。

　　黄帝认识到，蚩尤不讲仁义，若再姑息，无异于养虎为患。百姓纷纷支持黄帝讨伐蚩尤。很快，黄帝带兵到达涿鹿（今河北省涿鹿县东南），并与蚩尤展开决战。

　　战斗打响后，蚩尤施展妖邪巫术，呼风唤雨。炎黄联盟的士兵离他越近，雨越大，风越强。蚩尤催动巫术，偷袭对手，炎黄联盟的士兵不断倒下。危急关头，黄帝请来了天女"魃"，最终打败了蚩尤。

　　蚩尤战败后，拒不投降。无奈之下，黄帝杀死了蚩尤，并将九黎族的部分百姓纳入炎黄联盟。从此，联盟越发强大起来。

　　后来，炎帝和黄帝被尊为中华民族的共同祖先，"炎黄子孙"就成了中国人的代称。

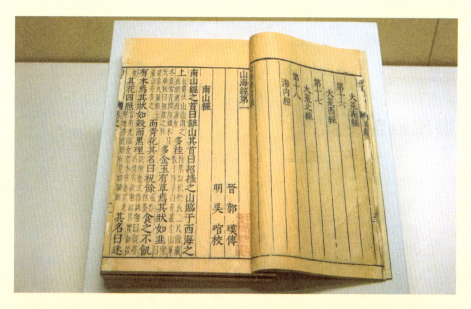

▲《山海经》共十八卷，包括《山经》五卷和《海经》十三卷。作者不详，各卷撰成年代亦无定论，显然并非出自一时、一人。书中保存了大量远古时代的神话传说，是研究中国远古社会生活的重要文献。

最早的民主实践
——原始部落禅让制

导语

《三字经》《千字文》是中国传统启蒙读物。《三字经》记载："唐有虞，号二帝。相揖逊，称盛世。"《千字文》里也有"推位让国，有虞陶唐"，你知道"有虞"和"陶唐"是谁吗？"推位让国"又是什么意思呢？

在山西省临汾市，有一座尧庙。据记载，多个朝代的皇帝都曾到这里祭祀。那么，尧庙中供奉的是谁呢？为什么尧庙会建在临汾？

原来，尧庙供奉的是远古时代的尧帝，他就是《三字经》《千字文》中提到的"唐""陶唐"。我国较早的历史文献《尚书》记载"尧都平阳"，意为尧帝的都城是平阳，即今天的临汾。近年

临汾尧庙 ▶

来，考古学家在临汾市襄汾县发掘了陶寺遗址。通过科技手段，专家判断，陶寺文化的时间断限为公元前 2500 年至公元前 1900 年。2015 年，中国社会科学院考古研究所举行了"山西·陶寺遗址发掘成果新闻发布会"。会议指出，陶寺遗址很有可能是尧的都城。

那么，历史上的尧帝到底有什么功绩？他和有虞氏之间"推位让国"又是怎么回事呢？让我们走近他们生活的时代吧。

黄帝之后，先后产生了多位部落联盟首领，其中就包括尧。尧帝处理部落事务得心应手。在他的领导下，百姓安居乐业。为了让自己做得更好，听到更多好的建议，尧想了一个主意。他让人在交通要道设立一根木柱，以横木交于柱头。

这一设施的出现，是方便行人在上面刻写对尧或部落联盟的意见。它被称为"诽谤木"，其功能类似于现代的意见箱。随着时间的推移，"诽谤木"不断发展变化，成了现在的华表。不论是诽谤木还是华表，都时刻提醒后世君王要像尧帝一样勤政爱民。像尧这样有能力、心中装着百姓的首领，大家能不爱戴吗？就连孔子都说，尧是古代圣贤中最伟大的一位。

不知不觉间，尧帝已经当了几十年首领。他觉得自己年纪大了，应该尽早确定继承人。这可是部落里的大事，不能草率，于是尧决定找大家来商量一下。有人推荐尧的儿子丹朱，尧觉得丹朱过于顽劣，并非合适的人选。他认为，继承者应是一位贤能的人。于是，大家又推举了舜。尧

华表 ▶

问："我听说过舜。这个人怎么样？"

大家说，舜是个很可怜的人。他的母亲早逝，父亲双目失明，糊涂偏心，再婚后又生一子，名"象"。继母和象经常刁难、陷害舜，但舜却能孝顺父母，爱护弟弟。尧听了，决定对舜进行考验。尧把自己的两个女儿嫁给了舜，观察舜处理家庭事务的能力。在舜的努力下，他的两位妻子与公婆的关系非常融洽。尧还安排他到不同的地方工作。首先，舜到历山脚下种地，发现这里的农民为了争夺土地经常打架，导致农活没人干，地都荒了。舜建议大家平分土地，大家欣然接受了舜的建议，不再抢来抢去，社会恢复了安定的局面。在舜的影响下，当地农民还互相帮助，邻里之间更加和睦。然后，舜去了雷泽（在今山东省鄄城县东南、菏泽市东北），在岸边捕鱼。为了争夺好的捕鱼场所，这里的渔民互不相让，经常发生冲突。舜决心改变这种局面。除了少量自用的鱼，他把自己捕来的大部分鱼分给鱼捕得少的人。此外，他还经常把自己发现的好渔场让给其他人。在他的影响下，雷泽的渔民变得互相谦让，社会风气大幅好转。舜每到一个地方，都能用高尚的德行感化大家。尧看到舜德才兼备，就把治理天下的大权交给了他。讲到这

▲ 历山

　　相传，舜帝耕田于历山，其今地所在说法不一，包括：在山东省济南市东南；在山东省菏泽市东北；在山西省垣曲县东北；在山西省永济市东南；在浙江省余姚市西北；在浙江省永康市南；在湖南省桑植县西北。图为垣曲历山。

里，你应该知道有虞氏是谁了吧。不错，有虞氏就是舜帝，"推位让国"讲的就是尧舜禅让的典故。

舜帝在位时，最棘手的事就是治理天下泛滥的洪水。一想到百姓正面临农田被淹、居无定所的悲惨遭遇，舜帝就吃不下饭，睡不着觉。怎样才能彻底治理水患呢？尧帝在位时，曾命鲧治水，鲧让百姓筑起堤坝，堵截洪水，这样治了九年，到了舜帝时，水患依旧。鲧不得力，有谁能接替他，担当治水重任呢？舜看中了鲧的儿子禹，并发动各个部落，令他们配合禹，全力投入治水工程中。禹带领大家开展实地调研，决定采用疏导的方法，根据地势的高低开渠排水。方案确定后，禹和治水大军一起，冒着严寒酷暑劈山破土，治理水患。他曾三次路过自家门口，却都因为心系治水工程而没有进门，"三过家门而不入"的典故就来源于此。禹带着大家没日没夜地苦干了十三年，终于彻底制服了洪水，百姓从此过上了安心的日子。禹建立了大功，成了人们心中的治水英雄，后人为了表示尊重，称他为"大禹"。

到了晚年，舜也效仿尧帝"推位让国"，将

▲ 韶山，位于湖南省湘潭市。传说，舜帝南巡途中，曾在韶山演奏赞美太平的韶乐，韶山因此而得名。

部落首领的位子禅让给了治水有功的禹。几千年来，尧和舜被推崇为贤君的典范，尧舜禅让的故事则反映了中国历史早期的民主实践。

父传子，家天下——夏朝的历史

导语

你知道中国历史上的第一个王朝吗？它的建立者是谁？你知道以选贤任能为特点的禅让制是如何被代替的吗？

我们熟悉的"大禹治水"的主角——禹，本是夏后氏部落领袖。治水成功后，禹深受民众拥护，便顺理成章地接替舜，成为部落联盟首领。

继位后，禹统领大军，平定了在南方叛乱的三苗部落，进一步增强了自己的威望。为了巩固权力，他在涂山（今安徽省怀远县东南）召集各部落首领开会。此外，禹将九州进贡的青铜铸成了九个鼎，用以象征九州。禹成了各部落的君长，他已掌握了最高的王权。至此，一个国家正式诞生了，这就是中国历史上第一个王朝——夏朝。

◄ 大禹像

　　虽然这是一个全新的时代，但王朝的统治者禹却面临着此前各个时代的领袖都要解决的问题，那就是谁来做他的继承人。皋陶是和禹一起辅佐过舜帝的功臣，很有威望。因此，禹曾选择皋陶做他的接班人。然而，皋陶未及继位就去世了。伯益曾和禹一起治水，禹认可他的能力，便推举伯益做自己的接班人。不过，伯益并非没有竞争者。禹的儿子启十分能干，而且具有一定的政治影响力。为了争夺王位，他暗自笼络了一些部落首领，形成了自己的派系。

启的画像 ▶

　　继位后的第十年，禹到东部地区视察，在会稽山（在浙江省中部绍兴市、嵊州市、诸暨市、东阳市之间）突然去世。随后，伯益接掌了禹的权力。然而，启的支持者反对伯益执掌国政。他们纷纷表示，只认可启继承禹的大位，甚至各方首领不去朝见伯益，而去朝见启。失去支持的伯益最终被启取代。自此之后，禅让制被终结，取而代之的是世袭制。

　　启破坏禅让制的做法令有扈氏不满，于是该部落起兵伐启。启率军应战，不久有扈氏的势力

◀ 会稽山大禹陵

被消灭。为了使世袭制得到其他部落的认可，启在钧台（今河南省禹州市南）召开大会，各部落纷纷赶来朝拜、进贡，表示臣服，史称"钧台之享"。由此，启的地位获得了天下的承认。

启死后，他的儿子太康继承了王位。太康不关心百姓，只是纵情享乐。他出游打猎，一去就是一百天。他的昏庸无道让一个叫后羿的部落首领有了抢夺王位的机会。不久，太康的权力被后羿夺走了。不过，后羿也是个不称职的统治者。他有高明的箭术，喜欢出门打猎，便不理朝政，还把军国大事交给亲信寒浞处理。随着时间的推移，寒浞的野心不断膨胀。他一方面不断向后羿献媚，以麻痹后羿，另一方面以小恩小惠笼络人心。后来，寒浞杀死了后羿及其亲属，篡夺了统治大权。随后，寒浞大肆消灭亲夏的势力，同时四处追杀启的子孙。在历史上，这一时期被称为"太康失国"。仲康是太康的兄弟，他的孙子少康积蓄力量，最终灭掉了寒浞。至此，夏朝的王位重新回到启的子孙手中，史称"少康中兴"。

当王位传到桀时，夏朝的统治走到了末路。桀生活奢侈，为人残暴，毫无爱民之心，人民对他的暴政忍无可忍，纷纷诅咒他快点灭亡。此时，黄河下游的部落"商"开始崛起。商的首领汤起兵讨伐桀，桀兵败于鸣条（今山西省运城市东北），夏朝就此灭亡。

作为中国历史上的第一个王朝，夏朝历时四百多年。到目前为止，尽管没有文字资料证明夏朝的存在，但 2004 年启动的"中华文明探源工程"系列考古工作证明，今河南省洛阳市偃师区二里头遗址很有可能是夏朝后期都城的遗址。遗址内出土了宫殿、居民区、制陶作坊、窖穴、墓葬等遗迹，还有大量石器、陶器、玉器、铜器、骨角器等遗物，其中的青铜爵是目前所知中国最早的青铜容器之一，而镶嵌着绿松石的装饰品则代表了那个时代玉器制作的较高水平。《夏小正》是中国最早的物候专著，从中可以看

◀ 二里头遗址考古现场

出，夏朝人已经测算出一年有十二个月。这些都说明，中国的原始野蛮时代结束了，文明时代开始了。

失民心者失天下——武王伐纣

导语

纣王、姜子牙、酒池肉林，这些人物和故事出现在什么时候呢？是不是妲己祸乱朝政，最终导致商朝灭亡的？商朝灭亡后的历史又是怎么发展的？别急，看看下面你就知道了。

1976 年，陕西省临潼县（今陕西省西安市临潼区）的一处周代遗址出土了一批青铜器。经研究，有关人员发现其中一件青铜器内刻有铭文四行，共三十三字。这些铭文记录的是"武王伐纣"的故事。对于"武王伐纣"，史有明文，但其发生的时间却一直是个谜。通过"夏商周断代工程"，专家最终确定，武王伐纣发生在公元前1046 年，这件青铜器因此得名"武王征商簋"，现在藏于中国国家博物馆。

"武王伐纣"是周武王与诸侯联军讨伐商纣王帝辛，最后灭商建周的故事。

帝辛是商朝最后一个王，他天资聪慧，耳目灵敏，气力超人。据说，他能徒手与猛兽格斗。然而，他却因此心生傲慢，认为自己是天下最有本事的人，瞧不起群臣，听不进忠言。他偏信宠妃妲己，还横征暴敛，以求填满自己的钱库。在沙丘（今河北省广宗县西北），他命人在池子里注满了酒，把肉稠密地悬挂起来，像树林一样。他和妲己、宠臣一起，饮酒寻欢，通宵达旦。如果有大臣对他的荒唐行为提出反对意见，就会被施以残酷的炮烙之刑。时间久了，敢进谏者多被杀害或驱逐，他的周围聚集着阿谀奉承之徒。他发动对东夷的战争，导致很多商朝士兵无辜战死。由于纣王昏庸，所以一些拥护商朝的部落开始远离他。

此时，位于岐（今陕西省岐山县东北）的诸侯国"周"，正日渐强大。周的君主姬昌（史称"周文王"）与商朝有杀父之仇：其父季历死于商王文丁之手。周文王虽有灭商之心，但此时周的国力还不足以与商抗衡，所以他忍辱负重，潜心经营。纣王对周国并不放心，便找借口囚禁了周文

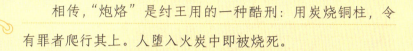

炮烙之刑

相传，"炮烙"是纣王用的一种酷刑：用炭烧铜柱，令有罪者爬行其上。人堕入火炭中即被烧死。

王。当时，周文王的大儿子伯邑考在商朝做人质。纣王便杀害了伯邑考，并把他做成肉汤，赐给周文王。周文王怀着杀父、杀子之痛喝下了肉汤，并誓死灭商。为求自保，他装作若无其事的样子。同时，他的臣子送给纣王许多奇珍异宝。纣王见周文王的表现不错，认为他对自己构不成威胁，便把他放了。

周文王回到周国，把悲痛和仇恨深埋心底，不懈发展国力，等待灭商的机会。周国鼓励生育，国家帮助百姓养育新生儿。百姓去世了，国家帮助家属一起埋葬死者。贫穷的人得到救济，灾民获得赈济。在这样的仁政下，周国的人口数量快速增长，尤其是劳动力有了大幅增加，这有效促进了农业经济的发展。

有一次，周文王在山林里看到满地枯骨，就吩咐随从将其埋葬。随从说，这些枯骨无主，所以不必埋。周文王生气地说，我是这个国家的主

◂ 明人绘周文王画像

人，自然是这些枯骨的主人。消息传出后，大家被他的仁义之心感动，很多诸侯前来归附。

为成就大业，周文王广招天下贤能之士，有抱负的人纷纷为他效力，其中最有名的就是大家熟知的姜子牙。姜子牙本在纣王手下供职，他有报国之志，但纣王无道，姜子牙因此感到失望，便弃官而去。他对周文王的德行十分钦佩，听说对方在招贤纳士，便去投奔，并在渭水（今渭河）北岸见到了周文王。经过一番交谈，周文王惊喜地发现，姜子牙的见识非同寻常，对天下大势的分析头头是道。他感叹道："吾太公望子久矣！"意思是，从我祖父起，我们家就想得到一

明人绘周武王画像 ▶

位像先生这样能治国安邦的圣贤。于是，周文王拜姜子牙为太师。

姜子牙不负所望，帮助周文王开疆拓土，加快了灭商的步伐。经过一番征伐，周国"三分天下有其二"。遗憾的是，未及灭商，周文王便因病去世，他的次子姬发（史称"周武王"）即位。周武王尊姜子牙为"师尚父"，命他统领周国军事。另一方面，纣王更加暴虐无道，他身边的忠臣实在看不下去，纷纷前来劝谏。纣王哪里听得进去，他杀了叔父比干，囚禁了哥哥箕子。其他正直的大臣忍无可忍，纷纷离他而去。

此时，灭商的时机已经成熟。周武王通告诸

侯共同伐商，诸侯军纷纷前来，与周军一起组成数万联军。联军来到商都朝歌（今河南省淇县）附近的牧野（今河南省淇县西南），周武王在这里誓师，战士们士气高涨。纣王听闻联军将至，便临时纠集士卒七十万，妄图负隅顽抗。双方军队在数量上虽然非常悬殊，但联军团结一致，战斗力强，商军却如散沙一般，毫无斗志。刚一交战，商军便纷纷倒向联军。纣王见大势已去，就在鹿台（在朝歌）自焚而死。周军进驻朝歌，商朝灭亡，西周开始。

烽火戏诸侯——西周的灭亡

导语

你知道西周是怎样灭亡的吗？传说中的"烽火戏诸侯"是否确有其事呢？

在陕西历史博物馆里，陈列着一座重35千克的三足圆鼎。鼎腹内刻有铭文，共二百七十余字，其中"多友"二字出现了数次，因此该鼎被考古学家命名为"多友鼎"。这篇铭文以纪实手法记述了一场鲜为人知的战争：西周晚期的某年，西北游牧部落犬戎侵犯京畿，周王派遣骁勇善战的多友率兵抵御，他四战四捷，将犬戎逐出周境。周王赐给多友很多财物，以表彰他的赫赫战绩。为了感谢周王，也为了纪念这次胜利，多友铸造了这件圆鼎，并在其中铭刻自己的功勋。

在史书中，犬戎是西北地区古老的游牧民族之一。《史记》记载，西周君主周穆王征伐犬戎，

⊘ 铭文

铭文是刻写在金石等物上的文辞，具有称颂、纪念等功用，多为韵语。铭文是历史的见证和记录，我们可以通过它们研究当时的政治、经济、社会状况等。

"得四白狼四白鹿以归"。西周中期以后，犬戎逐渐兴盛，不时骚扰周的边境，终于在公元前 771 年攻破周都镐京（今陕西省西安市长安区西北镐京村附近），灭亡了西周。

说到西周的灭亡，你听说过"烽火戏诸侯"吗？这个故事出自《史记》：周幽王是西周末代君主，他有一位宠妃，名叫"褒姒"。褒姒十分美丽，但却冷若冰霜，不喜欢笑。为了逗褒姒开心，周幽王想尽办法，她却始终不笑。周幽王最

◀ 多友鼎

烽火戏诸侯 ▶

终决定，在烽火台上做文章。

当时，从都城到边关，沿途遍设烽火台。一旦敌寇进犯，守军立刻点燃烽火，向天子、诸侯报警。诸侯见了烽火，知道天子有难，会起兵救驾。这天，周幽王带着褒姒登上城楼，上演了一出"褒姒笑诸侯"的荒唐闹剧。原来，周幽王命人点燃烽火，谎报军情，并成功引来诸侯军。赶到镐京城下时，诸侯军见城内灯火辉煌，鼓乐喧天，才知道上了当。大家狼狈不堪，却敢怒不敢言，只好气愤地收兵回营。褒姒见千军万马招之即来，挥之即去，如同儿戏一般，觉得十分好玩，不禁嫣然。

▲ **烽火台**

　　"烽火"是两种信号：白天放烟叫"燧"，夜间举火叫"烽"。烽火台是施放烽火的高台。敌情发生时，台台相连，以此通过烽火传递消息，是古代重要的军事防御设施。

　　然而，有人对这个故事的真实性提出了质疑。历史学家钱穆在《国史大纲》里就曾说过，"诸侯兵不能见烽同至，至而闻无寇，亦必休兵信宿而去，此有何可笑？"他的意思是，诸侯在各地，并不能同时到达，到了之后见并无战事，无非休整兵马，歇息两夜就回去了，有什么好笑的呢？2008 年，清华大学获得了一批战国竹简。在其中一组竹简中，专家发现了有关西周灭亡的记载，但其中并没有提到"烽火戏诸侯"的故事，这似乎也在某种程度上证明了这个故事并非史实。

　　目前，我们可以确定的是，西周的灭亡和宫廷斗争有直接关系。周幽王偏爱褒姒，想废掉太子宜臼和太子的母亲申后，另立褒姒为后，以褒姒的儿子伯服为太子。申后的父亲是申侯，即申国的国君。他不满周幽王的做法，联合缯国、犬戎对抗周幽王。犬戎攻破镐京，周幽王携褒姒、太子仓皇出逃，终被犬戎追上。周幽王被杀死于骊山（今陕西省西安市临潼区东南）脚下，西周亡。随后，诸侯联军打败犬戎，拥立宜臼为王（史称"周平王"）。镐京残破，犬戎虽然暂时受挫，却时刻窥伺镐京。平王无奈，只得迁都雒邑（今河南省洛阳市东北汉魏故城），这成为东周的开端。

神秘的三星堆——探秘青铜文明

导语

　　"沉睡三千年，一醒惊天下"，被誉为"20世纪人类最重大考古发现之一"的三星堆出土了哪些珍贵的文物？透过这些文物，我们可以了解哪段历史，破解哪些谜题呢？

　　三星堆博物馆坐落于四川省广汉市，馆内陈列着这样一副面具：眼球呈柱状，向外凸出16厘米；双耳似翅膀，向两侧充分展开；鼻梁短，鼻翼向上内卷；口缝深长，上扬。从整体上看，面具造型奇特，似乎展现出神秘微笑。更重要的是，这副面具巨大无比，它宽138厘米，高66厘米。它出土的时候，五人合力才把它抬了出来。这是世界上现存年代较早、体形较大的青铜面具，我们称它为"青铜纵目面具"。

青铜纵目面具 ▶

　　1986年，青铜纵目面具出土于三星堆二号祭祀坑，与它一同出土的有青铜立人像，该像是现存较高、较完整的青铜立人像，被誉为"世界铜像之王"。该像高180厘米（冠顶至足底），纵目、大耳、直鼻、长嘴，头戴高帽，身穿三层衣服，衣服上刻有精美纹饰，以龙纹为主，还有鸟纹、虫纹等。人像的双手环握，似乎曾持有某种物品。其整体形象庄严，表现的似乎是一位具有通天异禀、正在作法的大人物。

　　这两件了不起的青铜器只展现了三星堆文明的一角。三星堆文明集中分布于三星堆遗址，该遗址的面积为12平方千米，是我国西南地区分布范围较广、延续时间较长、内涵较丰富的古文化遗址。就在这12平方千米的土地下，掩藏着

◀ 青铜立人像

古蜀国的辉煌。自古以来真伪莫辨的古蜀国传说，因三星堆而成为信史。

《华阳国志》有这样的记载："有蜀侯蚕丛，其目纵，始称王。"学术界普遍认为，前文提到的青铜纵目面具表现的可能是蚕丛的形象。后来，又有名为"鱼凫"的蜀王。唐代诗人李白在《蜀道难》中感叹道："蚕丛及鱼凫，开国何茫然！"诗句的意思是，传说中蚕丛和鱼凫建立了蜀国，但是其开国的年代实在久远，无法详谈。上文中提到的青铜立人像，其造型在三星堆出土文物中多次出现。可以推测，人像的动作是祭司

☑《华阳国志》

东晋常璩撰，包括巴、汉中、蜀、南中等十二志。这本书记远古到东晋永和三年（347年）期间的巴、蜀史事，所述蜀汉、蜀中晋代史事较详，是研究中国西南少数民族的重要资料。

祭祀时的标志性动作，反映了古蜀文明的发展水平。

在探寻有关历史记忆的过程中，青铜器的意义非凡，这类器物成为历史研究的重要对象。青铜是一种铜、锡合金。刚刚铸造完成时，青铜器呈金色。随着时光变迁，其表面产生锈蚀后变为青绿色，所以有"青铜"之称。与夏商周的青铜器相比，三星堆遗址青铜器在属性上有很大区别。后者多是神像、人像、面具等物品，而差不多同时代的前者多是实用的容器，例如鼎（炊器兼盛食器）、尊（酒器）、鬲（炊器）、簋（食器）等。

鼎是中华文化的代表性器物。鼎相当于一口大锅，不过它又不是普通的大锅，是贵族宴飨和祭祀时的主要用器。作为礼器，鼎被赋予

⊘ 史料阅读

鼎迁于商，载祀六百。

——《左传》

（秦昭襄王）五十二年，周民东亡，其器九鼎入秦。

——《史记》

了一种特殊的属性。传说，禹曾铸九鼎以代表华夏九州。因此，在古代文化中，鼎被视为立国的重器，是权力的象征。现在，我们说的"问鼎""定鼎"的语源就在于此。

目前，在已出土的鼎中，最著名的当属商代的后母戊鼎。1939年，后母戊鼎出土于河南安阳武官村（今属河南省安阳市），因鼎腹内有铭文"后母戊"而得名。该鼎高133厘米，口长112厘米，口宽79.2厘米，重832.84千克，是已出土的最重的中国古代青铜器。要铸造这样的大鼎，必须组建一个300—400人的工匠团队。他们经过科学分工后，需要协同操作，共同掌握好火候、铜液灌注时间等，以保证成品质量。

无论是三星堆造型奇特的青铜器，还是代

后母戊鼎 ▶

表中原文明的夏商周青铜器，都是中华文明的杰作。中华文明并非发源于一地，而是从一开始就如点点繁星，在中华大地上熠熠生辉。我们这片热土上，还有无数谜题等着我们揭晓答案，还有无尽惊喜等着我们去发现。

一片甲骨惊天下
——早期文字的诞生

导语

　　2016年，中国文字博物馆发布了一则公告：如果谁能破译出尚无法识别的甲骨文，破译一字，可获奖十万元。目前，还没有被破解的甲骨文达两千多字。也就是说，其对应的奖金数额高达两亿多元！甲骨文何以"一字万金"？它到底有何魅力？

　　"甲骨"是乌龟的甲壳和兽类的骨头，刻在甲骨上的文字就是甲骨文。在商代，上层社会利用龟甲兽骨占卜吉凶时，会在甲骨上刻写卜辞和与占卜有关的记事文字，甲骨文就此诞生。在可识的汉字中，甲骨文是最古老的文字体系。2019年，为纪念甲骨文发现一百二十周年，中国国家博物馆举办"证古泽今——甲骨文文化展",这一展览展出了近一百九十件甲骨、青铜、玉石等文物,讲述了甲骨被发现与发掘的惊世过往,展示了博大精深的早期中华文明。那么,甲骨文是如何被发现的呢?

"证古泽今——甲骨文文化展"上的展品

清代晚期,小屯(今河南省安阳市小屯村,即殷墟的核心区)的农民不断地从农田里挖出白骨片。他们把这些"龙骨"收集起来,当作药材卖到中药铺。光绪二十五年(1899年),国子监祭酒王懿荣患病。他派人到药店买回一剂中药,无意中看到没被捣碎的龙骨上面刻着一些符号。王懿荣对金石学素有研究,因此这个发现让他大为好奇。他拿起那龙骨,仔细端详起来。经过细致的研判,他觉得这不是一般的刻痕,倒像是古

▲ 王懿荣

（1845—1900 年）字正孺，又字濂生，山东福山（今山东省烟台市福山区）人。他是中国近代金石学家、发现和收藏殷墟甲骨的第一人。

代文字。他翻开典籍，希望从中找出破解心中疑问的线索。

然而，要想深入研究这个问题，光靠典籍是不够的，还需要更多的龙骨。他抱病来到药店，叮嘱店老板：如果再有人送龙骨来，请代为引见。没几日，就有人带来了十二片龙骨。王懿荣见到刻有文字的甲骨片，分外高兴。他瞧着眼前神秘的符号，紧缩的眉头舒展了。他兴奋地告诉在场的人：这是比钟鼎文更古老的中国文字！人们听了，才明白，原来这药材是真正的古董。于是，王懿荣以高价买下了这十二片甲骨，并继续大量收购甲骨。他一边收集，一边拿着放大镜逐字研究。随后，一个又一个象形的、怪异的、抽象的、单调的文字符号被破译，字与字连为语言的链条，一个个链条构成清晰的历史记忆。沉睡了三千多年的殷商甲骨文终于被发现了，王懿荣则被后人称为"甲骨文之父"。

殷墟甲骨从中药龙骨变成珍贵的古代研究资料，为我们揭开了商代历史的神秘面纱。如果你对甲骨文有兴趣的话，可以到各地的博物馆参观

▲ 土方征涂朱卜骨刻辞

这片甲骨曾是"甲骨四堂"之一罗振玉的藏品。因为卜辞完整，字口涂朱，这片甲骨被誉为"甲骨之王"。"涂朱"，就是把朱砂磨成红色粉末，涂嵌在甲骨文的刻痕中，这有点类似于现代人用红笔画重点。

其馆藏甲骨。除了甲骨馆藏众多的中国国家博物馆、山东博物馆、南京博物院和中国文字博物馆都有非常珍贵的藏品。

⊘ 甲骨四堂

中国近代史上，有四位研究甲骨文的著名学者：郭沫若（字鼎堂）、董作宾（字彦堂）、罗振玉（号雪堂）和王国维（号观堂）。人们把他们称为"甲骨四堂"。

以血缘维系的金字塔
——分封制与宗法制

导语

山西博物院有一件珍贵的文物：造型奇特的"晋侯鸟尊"。它头微昂，回首凝望远方，仿佛在回顾晋自诞生以来的历史变迁。晋国因分封制而生。那么，分封制是什么呢？它为周朝带来了怎样的变化呢？

1978 年，在湖北省随县（今随州市），考古发掘工作正在一座大墓旁紧锣密鼓地进行着。只见考古队员谨慎地操作着设备，将墓中的水慢慢抽干。随着时间的推移，三根横梁和梁下的一件件古钟重见天日。在场的人见了，无不为之惊叹。原来，即将完全出土的就是后来大名鼎鼎的"曾侯乙编钟"。曾侯乙编钟建造于战国时代，由六十四件钟和一件镈组成，总重达 2500 多千克。

◀ 晋侯鸟尊

上文中的大墓名为"曾侯乙墓"。除了编钟，曾侯乙墓还出土了很多精美的青铜礼器。这座大墓中的出土文物令我们思考：乙是谁？为什么他被称为曾侯？为什么他的随葬品如此丰厚精美？

这要从周朝建立之初讲起。当时，周武王是"天下共主"，被称为"周天子"。他将王室宗亲、功勋卓著的重臣等分封到各地，赐予他们极大的权力。这些受封者被称为"诸侯"，前文中提到的"晋侯鸟尊""曾侯乙编钟"中的"侯"，便是由此而来。诸侯可以在封地上建立自己的国家，也就是"诸侯国"。在诸侯国内，诸侯世代占有

曾侯乙编钟 ▶

封地及其居民。当然，享有权力的同时，他们也有必须履行的义务。如果周天子要对外作战，诸侯应带领自己的军队参加。此外，诸侯要定期向周王进献贡物。

为了解决继承问题，巩固分封制形成的统治秩序，周朝贵族内部按照血缘关系的远近来分配政治权力，这就是宗法制，其核心内容是嫡长子继承制。周天子的王位由嫡长子继承，称天下的"大宗"，是同姓贵族的最高家长，也是政治上的共主，掌握国家的军权和政权。天子的庶子被分封为诸侯，对天子为"小宗"，在本国为"大宗"，其职位亦由嫡长子继承。诸侯的庶子被分封为卿大夫，对诸侯为"小宗"，在本家为"大宗"，其职位亦由嫡长子继承。从卿大夫到士，其"大宗"与"小宗"的关系与上同。于是，西周社会形成了"天子—诸侯—卿大夫—士"的贵族阶级，形似金字塔。在此基础上，血缘关系与等级制度相结合，国与家就联系在了一起，统治基础得到巩固。

不同等级的贵族，在生活中享有不同的待遇，这体现了与分封制相伴的礼乐制度。《论语·八佾》中记载了一个小故事：卿大夫季氏本来应该用的乐舞是四佾，却斗胆用了天子才可以用的八佾。再比如，曾侯乙按照规定只能使用七鼎六簋，但其墓葬里出土的却是九鼎八簋。这说明，季氏、乙生活的春秋战国时代，礼乐制度开始逐渐瓦解，西周形成的血缘"金字塔"终将崩塌。

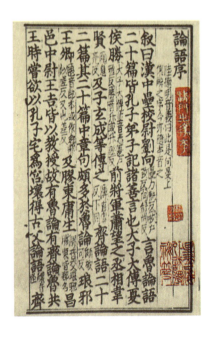

◀ 宋代刻本《论语》

分封制与宗法制互为表里，是周朝维持统治的政治基础。然而，由于诸侯国具有相当大的独立性，随着时间的推移，血缘关系不断淡化，诸侯国不再听从周天子的命令，这为诸侯争霸埋下了伏笔。

⊘ 春秋战国

公元前 770 年，周平王将都城迁到雒邑（今河南省洛阳市东北汉魏故城），建立了东周。东周分为春秋与战国两个时代，春秋（前 770 年—前 476 年）因鲁国编年史《春秋》一书而得名，战国（前 475 年—前 221 年）因《战国策》一书而得名。

春秋盟主——齐桓公称霸

导语

你知道"春秋五霸"吗？其中，排名第一的是谁？他是怎样成为霸主的呢？

春秋时代，周王室衰微，周天子缺乏对全天下的号召力，基本成了摆设。有实力的诸侯打着"尊王攘夷"的旗号谋求霸权，比如"春秋五霸"之首齐桓公。

齐桓公，姓姜，名小白。他的哥哥齐襄公统治时期，齐国的政局动荡。为了避祸，小白逃到莒国，他的师傅是鲍叔牙。齐襄公十二年（前686年），宗室公孙无知杀掉齐襄公，自立为君。第二年，公孙无知被杀，一时间齐国大乱。齐国正卿高傒是小白的好友。他见齐国无君，立即秘密通知小白，让他赶紧回国夺位。

这时，小白的哥哥公子纠在鲁国，他也得

✅ 尊王攘夷

"尊王"，即拥护周天子为天下共主。"攘夷"，即抵御周边各族对中原的攻扰。春秋时代，"尊王攘夷"一度成为政治潮流。

到了消息。在鲁国军队的护送下，公子纠启程回国。同时，公子纠的师傅管仲带兵埋伏在从莒国到齐国的路上。当小白一行进入伏击圈后，管仲一箭射中小白的带钩。小白顺势倒地装死，骗过了管仲。消息传来，公子纠一行认为小白已死，于是放慢脚步，六天后才到达齐国。这时，他们惊讶地发现，小白不但没死，还被立为了国君。于是，"齐桓公"走上了历史的前台。

齐桓公即位后，第一件事是派兵攻打鲁国。鲁国战败，为了向齐国谢罪，便杀了公子纠，囚禁了管仲。可齐桓公还感到不解气，想要一并除掉管仲，但鲍叔牙劝说道："如果君上只想让齐国强大，叔牙和高傒便可以帮您办到。如果君上想成就天下霸业，那么管仲不但杀不得，还应委以重任。"齐桓公听了，怕因为复仇之心错杀贤才，便假借雪恨之名把管仲接到齐国。在与管仲谈论

◀ 管仲像

称霸蓝图之后，他大喜过望，决定任用管仲为卿，并尊称他为"仲父"。管仲见齐桓公有如此胸怀，深受感动，决心全力辅佐他。

在管仲的帮助下，齐桓公推行改革。他按土地肥瘠征税，节制力役的征发，禁止掠夺家畜。他还主张开发渔盐之利，铸货币，平物价，允许罪人用兵器或铜赎罪。此外，齐桓公重视人才选拔，以优秀者为士。经过改革，齐国的经济水平进步明显，军队的战斗力和国力大增，于是他走上了称霸之路。

除了治国有方，齐桓公还能虚心纳谏。齐桓公五年（前681年），齐国攻打鲁国，鲁国战败后要向齐国割地，齐桓公应许。此后，双方国君

齐桓公像 ▶

举行会盟。在此期间，鲁国武士曹沫劫持了齐桓公，胁迫其归还鲁国的土地。齐桓公为保性命，只能暂时答应，但在重获自由后，他却想反悔。管仲劝说道："不可，不要因贪图一时的痛快而失信于天下。"于是，齐桓公信守诺言，归还了鲁国的土地。

齐桓公三十四年（前652年），周惠王崩，太子郑畏惧王子带争位，不敢发丧，求助于齐。齐桓公召集诸侯，助太子继位，史称"周襄王"。次年，齐桓公在葵丘（今河南省民权县东北）与诸侯会盟，襄王不但派使者与会，还把祭祀用的肉赐给齐桓公。在春秋史上，葵丘之会意义重大，这标志着齐桓公正式成为霸主。

齐桓公之后，春秋时代的其他四位霸主开启了"你方唱罢我登场"的激烈角逐。为了争夺更多的土地、人口和财富，诸侯不断发动兼并战争，严重冲击了西周以来以血缘关系为纽带的宗法制度。

卧薪尝胆成霸业——越王勾践

导语

　　大国争霸是春秋时代的显著特征。春秋首霸齐桓公的故事大家已经知道了。那么，你知道春秋时代的最后一位霸主是谁吗？他的精彩故事又是怎样的呢？

　　春秋时代，吴国和越国偏居东南，它们也有争霸中原的野心。吴王阖闾和越王允常各自励精图治，开展军事建设，努力发展经济，两国的势力逐渐强大，成为互相竞争的对象。

　　吴王阖闾五年（前510年），吴国进攻越国，越国战败。几年后，阖闾攻破楚都郢（今湖北省荆州市荆州区西北），越王允常得到消息，认为吴国空虚，便趁机发动袭击，败吴军。吴王阖闾十九年（前496年），越国新王勾践继位，阖闾趁机进攻越国，却兵败身亡。临终前，他派人回

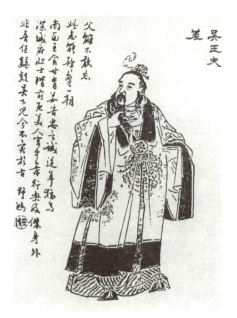

▲ 吴王夫差画像

国，传令太子夫差继位。他对夫差的遗言是："你忘了勾践杀了你父亲吗？"

吴王夫差二年（前494年），夫差发精兵攻打越国，大败越军，越王勾践退守会稽山（在浙江省中部绍兴市、嵊州市、诸暨市、东阳市之间）。当时，他手中只剩五千名甲兵。在生死存亡之际，勾践派大臣文种贿赂吴太宰伯嚭，请其劝吴王夫差不要消灭越国。后来，勾践果然免于亡国，却成为夫差的奴仆。此后，勾践在吴国度过了三年忍辱负重、卑躬屈膝的日子。在获得夫差的信任后，他获准回到越国。

回国后，勾践睡在柴草上，又把苦胆吊在坐

会稽山 ▶

席旁，坐着、躺着都会看着它，吃饭、喝水的时候都要尝尝它的苦味，并提醒自己："你忘了会稽之辱吗？"他亲自耕田，他的饭桌上只有一盘肉菜，他不穿华丽的衣服，对宾客礼敬有加，能及时救济百姓，抚恤死伤。几年后，越国就发展起来了。

吴王夫差十四年（前 482 年），夫差北上，与诸侯会盟。此时，吴国国内空虚，勾践认为这是他一雪前耻的好机会，遂派兵进攻吴国，俘获吴国太子并攻入吴国都城。夫差闻讯后，派人向勾践求和，于是越国暂停了伐吴行动。吴王夫差十八年（前 478 年），越国再次伐吴。吴王夫差二十一年（前 475 年），勾践倾全国之力发动灭吴战争，吴越之间的最后一战爆发。越军一路势

◀ 勾践卧薪尝胆

如破竹，包围吴国国都达三年之久，终于攻破吴国，而吴王夫差则用利剑结束了自己的生命。至此，吴越之间的战争以越国的胜利而告终。后来，勾践北上会盟诸侯，终成春秋时代的最后一位霸主。

"立木为信"的魅力
——商鞅变法

导语

　　战国时代，出现了七个强大的诸侯国：齐、楚、燕、赵、魏、韩、秦，史称"战国七雄"。其中，秦国地处中原之外，国力相对薄弱。然而，到了战国后期，秦国却一跃成为七雄中最富强者，并一举打败六国，统一天下。那么，秦国的国力为什么会发生这样巨大的变化呢？

　　商鞅，战国政治家、法家代表人物。他是卫国人，所以又被称为"卫鞅"。后来，他入秦为官，因战功得封商（今陕西省丹凤县西北）、於（今河南省西峡县）十五邑，因称"商鞅"。

　　少年时代，商鞅喜爱法家学说，深受其影响。长大后，因为贤明有才，他得到魏相公叔座的欣赏，从而进入公叔座的家中做事。后来，公叔座病重，临终时魏惠王来看望他，问谁可以接替他。公孙座说，商鞅年轻有为，值得重用。然而，魏惠王并没有采信他的话。商鞅空有满腔抱负，却无用武之地。正在苦闷之际，他听说秦国在招贤纳士，便来到秦国，向秦孝公讲述自己的强国之策，得到了对方的认可。

当时，在七国中，秦国国力弱小。而且，由于不在中原，秦国向来受到六国的鄙视。秦孝公三年（前359年），秦孝公为了实现富国强兵的愿望，打算在秦国推行变法，但他又担心变法会招致天下人的议论，所以犹豫不决。

一天，在朝会上，秦孝公与大臣们商议变法之事。甘龙、杜挚认为变法益处不大，遵循旧的礼法、制度才是治国的根本。商鞅表示反对，他认为治理国家没有一成不变的办法，只要有利于国家，不必坚守旧的法度。他还说，明君是因为不沿袭旧的法度，所以能统一天下，而那些昏君正是因为不懂得改弦更张而亡国。秦孝公听了商鞅的话，大为赞赏，便决定实行变法措施。

想要变法，先要取信于民。商鞅担心，秦国百姓不相信自己，法令得不到贯彻。于是，他

商鞅像 ▶

命人在国都（今陕西省宝鸡市凤翔区南）集市的南门处竖起一根三丈高的木杆，并宣布：谁能把这根木杆搬到集市北门，就给他十镒黄金。百姓见了，都觉得不可思议。在当时，十镒黄金是一大笔钱。搬一根木杆就能得到这么多钱，是真的吗？所以，迟迟无人敢来尝试。商鞅见了，再次宣布：谁能把这根木杆搬到集市北门，就给他五十镒黄金。这时，有个人壮着胆子，把木杆搬到了集市北门，商鞅当即兑现了承诺。从此以后，大家对商鞅的话深信不疑。这就是著名的"立木为信"的故事。

当时，秦国盛行贵族世袭制，很多贵族的

军功、爵位和俸禄可以世代相传。与之相反，奴隶、士兵处于社会底层，就算获得军功，也丝毫改变不了身份地位。为了实现强兵的目标，激发士兵的斗志，商鞅整改秦原有的爵制，参照各国制度，制定爵位等级，其后逐渐形成按照军功大小授予爵位的二十等爵制。这一制度把士兵的作战积极性调动了起来，极大地增强了秦军的战斗力。渐渐地，秦军成为战场上的常胜军。

此外，商鞅命人拆除了田埂地界，让人们重新认领土地，公平地向国家交纳赋税。他还奖励耕织：收获粮食、织出布匹多的人，可以免除徭役。为了促进经济发展，他颁布法定的度量衡

▲ 秦权

　　秦统一六国之后，把商鞅变法时制定的度量衡制度推向全国，以保证全国度量衡的统一。秦权是秦官府批准的统一重量的重要标准。

器，统一度量衡制。

由于得到了国君的支持、人民的信任，商鞅的变法主张得以贯彻，秦国的军事、政治、经济逐渐发展，国力日渐雄厚。秦孝公二十四年（前338年），秦孝公去世，商鞅失去了靠山。不久，那些因变法而利益受损的秦国旧贵族联合起来，杀死了商鞅。

虽然商鞅死了，但是他的新法却未被废除，一代代秦国国君和百姓一起，沿着商鞅开辟的道路继续前行，为后来秦国统一六国奠定了坚实的基础。

合纵与连横——战国七雄的兼并

导语

　　战国时代，尽管七个诸侯国大小强弱不同，但没有一个国家能单独对抗其余六国。因此，联络友邦、共同对付敌国是明智之举，也是必然的选择。

　　2005 年 7 月 12 日，元代青花罐"鬼谷子下山图"在英国佳士得拍卖行以 2.3 亿元人民币的天价拍出，创造了当时中国艺术品在世界上的最高拍卖纪录，震撼了国内外学术界和艺术品收藏界，而瓷罐画面中的主人公——鬼谷子也成为人们津津乐道的人物。

　　据说，鬼谷子培养出了四个不世奇才。除了大家熟悉的军事家孙膑、庞涓，还有纵横家张仪和苏秦。"纵横"即"合纵""连横"。"合纵"即弱国联合起来进攻强国，以防止强国的兼并。

"鬼谷子下山图"罐 ▶

"连横"是弱国跟随强国去进攻其他弱国，以达到兼并土地的目的。纵横家，就是通过游说各国参与合纵、连横，来吞并或削弱别国的谋士。除了张仪和苏秦，比较有名的战国纵横家还有公孙衍和范雎。我们一起看看，他们是如何凭借自己的三寸不烂之舌搅动战国大势的。

秦国自商鞅变法以来，国力逐渐增强，并不断进攻其余六国。为了抵御秦国的攻势，魏襄王元年（前318年），魏国大臣公孙衍主导了合纵攻秦，参加的国家有魏、赵、韩、燕、楚五国，楚怀王为纵长。然而，五个合纵国并不是一条心，所以步调不一致。五国联军虽然到了函谷关（今河南省灵宝市东北），实际与秦交战的却只有魏、赵、韩三国。次年，秦派庶长樗里疾率兵与魏、赵、韩在修鱼（今河南省原阳县西南）作

◀ 马王堆汉墓三号
墓出土的帛书
《战国纵横家书》
（局部）

战，把联军打得大败。"五国合纵伐秦"遭到失败，但秦国却在西线受到游牧部族义渠的袭击。原来，在五国攻秦前，公孙衍对义渠君说："如果秦和中原诸侯不打仗，一定会焚烧、抢掠您的国家。"后来，五国伐秦，义渠君也随之起兵攻秦，并大败秦军。后院起火，使秦国不得不一度把战略重心转向周边的部族，东进的步伐也减缓了。

与公孙衍不同，秦相张仪一直主张"连横"，即秦国联合韩、魏两国，对付齐楚联盟。秦惠文王时，秦国想要夺取楚国的汉中地区（今陕西省秦岭以南，留坝县、勉县以东，乾佑河流域以西和湖北省十堰市郧阳区、襄阳市保康县以西，粉青河、珍珠岭以北）。为了实现这一目标，消除东线可能受到的军事威胁，秦国必须想办法拆散

朝秦暮楚

战国时代，秦、楚两个大国相互对立，经常作战，魏、韩、赵、燕、齐等国为了自身的利益与安全，游离在两国之间，时而倾向秦，时而倾向楚。后来，"朝秦暮楚"被用来比喻人反复无常。

齐楚联盟。于是，张仪被派去游说楚王。

楚怀王盛情接待了这位声名显赫的秦相，问道："您来到我们国家，有什么指教吗？"张仪答道："秦王一直以来都很尊敬您，但十分讨厌齐王。现在，秦王想要讨伐齐国，却怕您会不高兴。因此，秦王想知道您能否与齐国断交？如果楚国不再同齐国往来，我愿请秦王把秦国商（今陕西省丹凤县西北）、於（今河南省西峡县）一带的六百里土地献给您。"楚怀王一听，大喜过望，便与齐国解除盟约，并派将军去接收商、於之地。可此时张仪却开始耍赖，不承认要献给楚王六百里地，只愿给六里。这可把楚怀王气坏了，他立刻发动大军进攻商、於之地。秦惠文王早已料到楚军必来进攻，便作好了全歼楚军的准备。很快，楚国在战场上一败涂地，不仅没抢来商、於之地，还被秦国夺去了汉中。

此后，随着形势的变化，秦国灵活施展纵横术。时间久了，秦国兼并的土地越来越多。秦王政九年（前238年），秦国的东郡东北与燕国接壤，东与齐国接境，北面包围赵国，南面包围韩、魏两国，从而使得东方六国相互间来往中断，不敢再发动合纵攻秦。秦完成统一大业已经是大势所趋。

纸上谈兵的悲剧——长平之战

导语

　　"纸上谈兵"是大家熟悉的成语。你知道它背后的故事吗？这个故事对战国历史进程产生了怎样的重大影响呢？

　　永录1号战国尸骨坑位于山西省高平市境内的长平之战遗址中，坑内有一百多具尸骨，其层层叠压在一起，有的仰面，有的俯身，有的侧身，有的头与躯干分离，有的颅骨上留有刀痕，令人触目惊心。1995年，当地一位农民在修整田地时意外发现了永录1号尸骨坑，此前在该尸骨坑所在地永录村周围已有十余处尸骨坑被发现。2020年，此地再有尸骨坑重见天日。经专家认定，上述尸骨坑极有可能是秦赵长平之战时埋葬赵国降卒的尸骨坑。《史记》记载，长平之战秦军"前后斩首虏四十五万人"，也就是说有赵国将士四十五万人被杀害。随着尸骨坑的不断出土，这场两千二百多年前规模空前的大战再次进入人们的视野。

战国时代，各国争相以变法、改革为途径，增强国力。通过商鞅变法，秦国成为战国七雄中实力雄厚的一方。在赵武灵王"胡服骑射"的军事改革之后，位于秦国东方的赵国军力强盛，成

▲ **胡服骑射**

　　赵武灵王上台初期，赵国军备不强，有亡国之危。他见胡人骑兵短衣窄袖，足穿皮靴，作战灵活，优于赵国的步兵、兵车和长袍甲胄，遂决心学习。赵武灵王十九年（前307年），他下令推行军事改革，命军队穿胡人服饰，发展骑兵，训练他们的马上射箭战术。后来，赵武灵王又命将军、大夫、嫡子等穿胡服。军事改革增强了赵国的军事实力，赵国接连略地克敌，成为当时的强国。图为赵武灵王塑像。

为可以与秦抗衡的国家。秦昭王三十七年（前270年），秦国曾攻打赵国，却被赵将赵奢击败。秦昭王四十一年（前266年），魏人范雎任秦相，他向秦昭王提出"远交近攻"的策略，即主张将靠近秦国的韩、魏、赵作为秦国兼并的主要目标，同时与齐国等距离较远的国家保持良好关系。后来，秦国攻打韩国，韩桓惠王十分惊恐，派人到秦国，请求献出上党郡（郡治在今山西省长治市北）的土地，以求秦国息兵。而上党郡的郡守冯亭却不愿降秦，他把上党郡的十七个县献给了赵国。见冯亭献地，赵孝成王欣然接受。秦昭王闻讯大怒，决定出兵攻赵。

秦昭王四十七年（前260年），秦将王龁对赵国发动猛烈进攻，长平之战爆发。赵国派老将廉颇迎战。战争初期，赵军小败了几场。廉颇见状，认为秦军劳师远征，补给线漫长，所以利在

⊘ 远交近攻

结交距离远的国家，进攻邻近的国家。这本来是战国时秦国采用的一种外交策略。秦国用它统一六国，建立了秦王朝。后来，"远交近攻"亦指待人、处世的一种手段。

◀ 清人绘赵奢画像

速战。与之相反，赵军补给近便，所以打消耗战是最好的策略。于是，他率军筑牢壁垒，并不迎战。秦、赵两军在长平相持了三年，不分胜负。面对僵局，范雎派人到赵国散布流言："廉颇很容易对付，秦国最害怕的是赵奢的儿子赵括。"受家庭熏陶，赵括从小就熟读兵法，与父亲谈论军事时头头是道。然而，赵奢并不赞赏他，赵括的母亲觉得奇怪，就问赵奢其中的缘故。赵奢说："战争是关乎生死存亡的大事，赵括却把它说得很简单。赵国不用赵括为将还好，如果用他为将，必使赵军遭受危难。"

秦人的流言很快传到赵王耳朵里。在长平前线，廉颇败后畏战，早已引起赵王的不满。加之流言的影响，他要把廉颇调回，换赵括为主将。虽然老臣蔺相如与赵括的母亲前来劝阻，赵王却不为所动，坚持成命。赵括一到前线，马上改变廉颇的作战方针，要主动出兵，进攻秦军。秦昭王得知赵王上当，便秘密派名将白起到达前线，代替王龁担任主将。

这天，赵括带兵杀向秦军。秦军佯装败退，引诱赵军至秦军营垒。赵军追击时，白起命令秦军左右两队步兵迂回到赵军后方，截断其后路，又将赵军主力一分为二。赵军被秦军围困，断粮四十六天，大量赵军饿死。见迟迟等不来援军，赵括亲率精锐部队强行突围。最终，赵括被秦军乱箭射死。见主将丧命，赵军士兵纷纷向秦军投

白起画像 ▶

降。随后，白起命令秦军将赵军四十五万人全部活埋，长平之战以秦国获胜而告终。

长平之战，是战国时代从未有过的大战。通过这场战争，秦国从根本上削弱了当时关东六国中最为强劲的对手赵国，也令其他五国受到极大的震慑。从此之后，秦统一天下的趋势已不可逆转。

史料阅读

赵王既怒廉颇军多失亡，军数败，又反坚壁不敢战，而又闻秦反间之言，因使赵括代廉颇将以击秦……其将军赵括出锐卒自搏战，秦军射杀赵括。括军败，卒四十万人降武安君（白起）。武安君计曰："前秦已拔上党，上党民不乐为秦而归赵。赵卒反覆，非尽杀之，恐为乱。"乃挟诈而尽坑杀之，遗其小者二百四十人归赵。前后斩首虏四十五万人。赵人大震。

——《史记》

万世师表——孔子及其思想

导语

你读过《论语》吗？你知道"万世师表"是用来称颂谁的吗？他的人生经历是怎样的？他的思想对我们有哪些启示呢？

清代时，康熙皇帝曾亲自为曲阜（今山东省曲阜市）孔庙题写匾额："万世师表"，用来称颂"至圣"孔子。孔子（前551年—前479年），名丘，字仲尼，是儒家学派创始人。他出生于陬邑，这个地方在今山东省曲阜市东南。孔子的祖先是宋国贵族。少年时，他的家中贫困。面对逆境，他努力上进，立志求学，逐渐成为当时公认的知识渊博的人。

孔子生逢春秋晚期。那时，周王室衰微，诸侯并起，社会动荡不安。如何更好地治理天下是孔子苦苦思索的问题。在政治主张上，他的核心

◄ 孔子像

思想是"仁"。在治国方略上，他宣扬"为政以德"，要用道德和礼教来治理国家，人民才会心悦诚服，社会才会稳定。他认为，"仁者爱人"，人要有爱心和同情心。那么，如何做到"爱人"呢？"入则孝，出则悌"，爱自己的父母、兄弟姐妹；"己欲立而立人，己欲达而达人"，就是要帮助他人，大家一起进步；"己所不欲，勿施于人"，自己不想要的，不要强加到别人身上。

春秋时代，诸侯崇尚武力，所以孔子的政

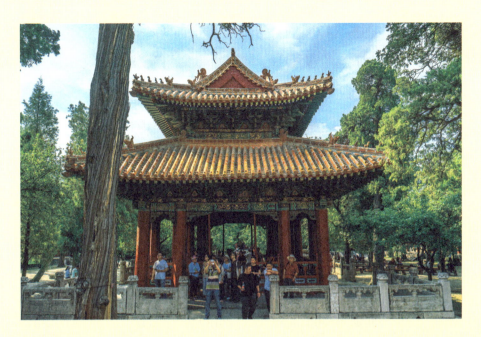

▲ 三孔

曲阜的孔府、孔庙、孔林统称"三孔"。孔府，是孔子后裔直系子孙居住的地方；孔庙是祭祀孔子的祠庙；孔林是孔子及其后裔的专用墓地。其中，孔庙大成殿前有一座方亭，名为"杏坛"（如图），相传是孔子讲学的地方。

治理念没有市场，得不到诸侯的认可。但他没有就此消沉，而是设杏坛，收徒弟，授六艺。孔子的教育理念是"有教无类"，即人人都有受教育的权利。教师对学生应一视同仁，施以同等的教育，不因其贵贱贫富而有所区别。这一教育理念流传至今，对后世具有举足轻重的影响，孔子也被后世公认为"至圣先师"。

在教学中，孔子发现、总结了一系列学习方法。"三人行，必有我师"，这是教育我们要善于向他人学习;"温故而知新"教导我们要及时复习学过的知识,在这个过程中,能有新体会和新发现;孔子还认为,"知之者,不如好之者。好之者,不如乐之者",爱好学习,以学习为乐趣的话,会有更大的进步。

在传道授业之余,孔子仍以天下为己任。中年时,孔子由鲁国中都宰升任司寇,后又周游列国。尽管各国不接受他的主张,但在十余年的颠沛流离中,他依然坚持自己的政治理想。六十八岁时,孔子重返鲁国。他将全部精力投入教授学生和整理古代典籍之中。相传,孔子整理了《诗》《书》等文献,并删修了鲁国史官记载的《春秋》,使其成为中国第一部编年体历史著作。七十三岁时,孔子去世。

六艺

六艺是周代贵族学校的教育科目,后来为孔子的私学所继承。"艺"为"艺能"之意,即礼、乐、射、御、书、数。礼包含礼仪制度、道德规范;乐包含音乐、舞蹈、诗歌等内容;射是射箭技术的训练;御是驾车技术的培养;书是文字读写;数是算法的学习。

孔子不仅是大思想家，还是大教育家。从治学弘道到教书育人，孔子用他的思想为华夏大地盖上了文明的烙印，两千余年，未曾磨灭。

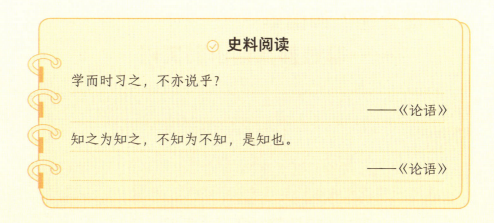

史料阅读

学而时习之，不亦说乎？

——《论语》

知之为知之，不知为不知，是知也。

——《论语》

"天府之国"的由来
——寻迹都江堰水利工程

导语

　　成都平原有"天府之国"的美誉，那里有一项伟大的水利工程——都江堰。今天，就让我们一起来探寻都江堰的来历吧！

　　每年清明节前后，四川省都江堰市的二王庙前人声鼎沸，前来上香火的人络绎不绝。不知情的人见了，可能会感到好奇：这里供奉着什么神仙吗？原来，这里供奉的是战国秦蜀郡（治所在今四川省成都市）郡守李冰及其子李二郎。在李二郎的协助下，李冰成功地建成造福一方的都江堰，他们因此受到后人的怀念，直到今天。

　　在李冰父子生活的时代，每年夏秋岷江都会泛滥成灾，使得成都平原变为泽国，真是害苦了老百姓。你不妨猜猜，这条江为什么会如此恼人呢？

二王庙 ▶

　　首先，让我们从高空俯瞰，你会发现成都平原像一柄摊开的折扇，向东南方倾斜。岷江发源于四川省北部的岷山，这里山高谷深，水源充沛，每到雨季，江水就会浩浩荡荡地从西北山区闯入成都平原。此外，岷江的出山口玉垒山的海拔为 700 多米，而下游的成都平原的海拔为 600 米左右，这么大的落差更加助长了水势的汹涌。古时人烟稀少，没有堤防，古代人民经常被迫与岷江洪水作斗争。

　　李冰来到蜀郡后，经过一系列实地考察，发现玉垒山是岷江的咽喉地带。扼住了岷江的咽喉，就掌握了治水的主动权。于是，他决定凿穿玉垒山。当时，还没有炸药，李冰便带领当地民众以火烧石，再趁热在山石上浇冷水，利用热胀冷缩的原理使岩石崩裂，最终使部分山体离开了玉垒山，这部分山体名"离堆"。而离堆与玉垒山之间的排水口因形状酷似瓶口，所以名为"宝瓶口"。宝瓶口既可以引水，为下游提供用水，又可以限制过量的水进入灌区，真是一举两得！

◀ 宝瓶口

宝瓶口竣工后，其上端地势较高，江水流入宝瓶口的效果不理想。于是，李冰又带人修筑了"鱼嘴"和"飞沙堰"。由此，岷江被分为了内江和外江。

所谓"鱼嘴"，其实是一条分水堤。鱼嘴位于岷江江心处，形如弯弓，前端扁平入水，就像鱼的嘴巴，因此得名"鱼嘴"。鱼嘴巧妙地分流引水、排沙，自动调节内外两江的水量。枯水季节，水流较缓，内江分流多。丰水季节，水流较急，外江分流多，起到泄洪的作用。根据弯道环流原理，表层水流向凹岸进入内江，底层水流向凸岸进入外江，这样就可以把大部分泥沙排向外江。

飞沙堰是溢洪道，位于内江下游约 1000 米处，其主要功能是二次分水、二次排沙。因堰底高于河床，枯水季节，江水漫不过飞沙堰，直接注入宝瓶口。丰水季节，多余江水漫过飞沙堰，起到了泄洪作用。此外，鱼嘴分水后，仍有部分泥沙进入内江，这就需要飞沙堰二次排沙。这样一来，进入宝瓶口的泥沙变得很少，解决了江道淤塞的问题。

经过多年的努力，李冰带领当地百姓，克服重重困难，终于修成了伟大的水利枢纽——都江堰。它科学地处理了宝瓶口、鱼嘴、飞沙堰三项主体工程的关系，使其功能互补，配合巧妙，浑

都江堰 ▶

91

然一体，有效解决了水患。从此，成都平原成为人人称羡的"天府之国"。

今天，都江堰水利工程还在发挥作用。它是先辈的不朽杰作，也是古代水利工程"古为今用"的奇观。

郑国渠

除了都江堰，秦国还修建了一项影响深远的水利工程——"郑国渠"。战国末期，日益强大的秦国严重威胁到东方六国的安全。秦王政元年（前246年），为实施"疲秦之计"，韩国派水利工程专家郑国前往秦国。郑国见到秦王，游说后者在泾（今泾河）、洛（今陕西省洛河）之间开挖一条大型灌溉水渠，意在消耗秦国的人力、物力，使其无法出兵东进。出于农业生产的需要，秦王采纳了郑国的建议，并命他主持修建这条水渠。

后来，"疲秦之计"败露，郑国被抓。但在他的劝说下，秦王认识到，这条水渠虽然延缓了秦国的统一进程，但也确实可以大大改善关中平原的灌溉条件。于是，郑国获释，得以继续推进水渠工程。

水渠完工后，关中地区的粮食产量大幅度提高，为秦统一中国提供了充足的物资保障。后人为了纪念郑国，把这条水渠命名为"郑国渠"。

群星璀璨的时代
——感受百家争鸣

导语

春秋战国时代，孔子、孟子、荀子、老子、庄子、墨子、韩非子等一大批思想家百花齐放，各个学派、各种思想交错碰撞，互融互鉴。

孔子去世一百余年后，又一位儒家大思想家诞生了，他就是被后世誉为"亚圣"的孟子。

孟子，名轲，字子舆，邹（今山东省邹城市东南）人。孟子小时候，为保证他有一个好的学习环境，他的母亲曾经三次搬家。后来，孟子拜在孔子之孙子思弟子的门下，一心一意学习孔子的学说。孟子发展了孔子关于仁的思想，提出"仁政"学说。

和孔子一样，孟子也带着他的弟子周游列

◀ 孟子像

国。他们曾到达魏国国都大梁（今河南省开封市）。在那里，孟子和魏惠王留下了一段流传千古的对话。魏惠王问："先生不远千里而来，一定有什么对我国有利的建议吧？"孟子毫不客气地答道："大王为什么一定要讲利呢？只要有仁义就行了。君王问怎样才有利于我的国家，大臣问怎样才有利于我的封邑，士、百姓问怎样才有利于我自己。如果上上下下都这样只问私利，国家就危险了。"然而，孟子的主张与战国尚武的潮流格格不入，魏惠王并未听取他的观点。在其他国家，孟子的主张也未受到重视。

尽管孟子在世时不得志，但他的学说对后世儒者影响很大，他也被公认为孔子学说的继承者。

⊘ 稷下学宫

稷下学宫位于战国齐都城临淄（今山东省淄博市临淄区北）稷门附近，是文学游说之士聚集之所。从齐桓公开始，齐国君主不断支持各学派在此讲学议论，至齐宣王时，齐国政府在此扩置学宫。学宫的设置，对于开展百家争鸣、繁荣当时学术起了很大作用。

荀子出身儒家，曾三次担任稷下学宫的祭酒（学长）。与孟子主张"性善论"不同，荀子提出了"性恶论"。他重视人们后天的学习修养，也强调礼法对人格塑造的重要性。

在稷下学宫，经常上演不同学派学者的激烈辩论，其中与儒家交锋较激烈的是墨家。

墨家的创始人为墨翟，又称"墨子"。墨子曾学儒术，因不满其烦琐的"礼"，另立新说，成为儒家主要的反对派。他主张统治者亲民，提倡"兼爱"，即不分亲疏远近、尊卑上下，做到"爱无差等"。墨子还宣扬"非攻"，反对掠夺战争。

道家也是春秋战国时代重要的思想流派。道家的创始人是老子，他姓李名耳，生于春秋末

期，代表作是《老子》（又名《道德经》）。相传，孔子曾向他问礼。老子倡导"道法自然"，这一思想是对天神意志的否定，对唯物主义自然观的发展有重要影响。

到了战国时代，道家的代表人物是庄子。庄子名周，为后世留下了《庄子》一书，书中记载了一个有名的故事——庄周梦蝶。这个故事说，庄子做了一个梦，梦中他变成了一只翩翩飞舞的蝴蝶，自由自在。梦醒后，他发现自己还是庄周，于是他感到迷惑：到底是庄周做梦变成蝴蝶，还是蝴蝶做梦变成了庄周。这个故事反映了如下思想：通常的知识是不可靠的，执着的追求是不明智的。

与庄子的思想相比，阴阳家邹衍的学说更为

庄周梦蝶 ▶

　　玄妙。邹衍主张"五德终始说"，认为社会历史变动发展和王朝兴替，是五行之德转移循环的结果。邹衍还提出了惊世骇俗的假说——"大九州说"，论证中国（他称为"赤县神州"）只是全世界八十一州中的一州，每九州为一集合单位，称"大九州"，有小海环绕，九个"大九州"另有大海环绕，再往外即天地的边际。

　　法家思想，深受战国时秦国君主的认同，改变了中国历史的面貌。法家的代表人物韩非子是荀子的弟子，他融合诸家之长，成为先秦法家的集大成者，为后世统治者治国理政提供了宝贵的思想资源。

　　除了儒家、墨家、道家、阴阳家、法家，当

时还有专注逻辑思辨的名家，从事政治外交活动的纵横家，研究军事理论、从事军事活动的兵家……诸子百家交锋、交融，蔚为大观，他们共同书写了中华民族传统文化的灿烂篇章。

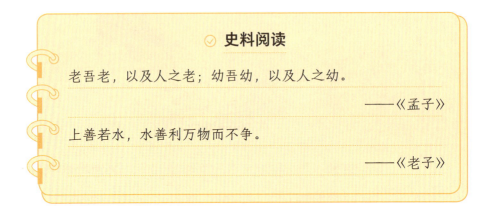

史料阅读

老吾老，以及人之老；幼吾幼，以及人之幼。

——《孟子》

上善若水，水善利万物而不争。

——《老子》

冷兵器排行榜——铁引发的革命

导语

　　春秋战国时代，天下战争不断。当时的人用的是什么样的兵器呢？这些兵器经历了怎样的发展历程呢？

　　唐陆广微的《吴地记》记载，春秋时代，吴王阖闾派干将铸剑，却总是不成功。其妻莫邪以身祭炉，终于成功铸得雌、雄两支宝剑，雌剑名为"莫邪"，雄剑就叫"干将"。这个故事充分说明，春秋时代，冷兵器制造已经得到诸侯的重视。

　　所谓"冷兵器"，指不带有炸药或其他燃烧爆炸物质，主要依靠人力、畜力、机械力的作用进行作战的兵器。那么，冷兵器是怎样出现的呢？

　　在原始社会，部落之间有时会发生战争。战斗时，人们多使用棍棒、石头、兽骨等。这个时代，兵器还未完全从生产工具中分化出来。渐渐地，中国的兵器完全从生产工具中分化出来，成为一个单独的器物门类。

1965 年，湖北省的江陵楚墓中出土了一把剑，名曰"越王勾践剑"。它长 55.6 厘米，宽 5 厘米，剑格的正面、背面分别镶嵌着蓝色琉璃和绿松石，其体现的工艺水平与现代机床相比，也毫不逊色。

◀ 越王勾践剑（局部）

1983 年，同样是在湖北江陵，出土了一件吴王夫差自用青铜矛，其全长 29.5 厘米，矛体饰有菱形几何暗纹。

越王勾践剑和吴王夫差矛的出土，似乎让我们来到了那个金戈铁马的春秋时代。这两件冷兵器都充分体现了春秋工艺的顶端水平，它们将实用性与艺术之美完美结合，深刻体现了古人的智慧与创造力。

吴王夫差矛 ▶

中国古人对冶炼技术的探索没有止境。1957年，甘肃省出土了一把青铜柄铁剑。此剑剑柄由青铜铸成，剑叶为铁质，残长9厘米，宽3厘米，焊接于铜镡之上。它向我们证明，至迟在春秋早期，古人已经掌握了冶炼生铁的技术，铁器时代来临了！相比青铜剑，铁剑更加锋利，韧性更强，不易折断，寿命更长，也更有利于作战。

在战争中，铁器帮助士兵提高战斗力。在日常生活中，铁器则改善了百姓的生活质量。铁元素在地壳中的含量远超铜元素，再加上冶炼技术的进步，为铁器的大规模生产提供了物质基础和工艺保障。如果说铁制冷兵器是毁灭的象征，那么铁制农具则是创造的象征。到了战国中期，铁农具已取代木、石农具而取得主导地位。铁器的广泛使用和牛耕的推广，使荒地开垦变得更为便利。"私田"不断出现，与之相对的是"公田"的没落、井田制度逐步瓦解。

人类进步的历史，也是工具进化的历史。铁器在两三千年前出现，引起巨大的变革，不正与当今世界 5G 网络对社会进步的推动有异曲同工之妙吗？我们既是历史变革的经历者、见证者，更应该是勇立潮头的创新者。

我们一直活在春秋战国
——历史照进现实

导语

今天的山东省，又被称为"齐鲁大地""孔孟之乡"，这两个名称源于春秋战国时代。那么，除此之外，春秋战国对后世的中国有哪些影响呢？

在山东济南，有一座"孝文化博物馆"。馆内有一座"闵子骞墓"。闵子骞，名损，字子骞，春秋末年鲁国人，是孔子弟子，也是"二十四孝"之一。闵子骞以孝行名闻天下，孔子称赞他"孝哉闵子骞！"

春秋战国时代，尽管天下不安，社会动荡，但儒家的代表人物孔子和孟子都将"孝"视为众德之源，并提出了具体的行为规范，孝的观念开始走向成熟。在此基础上，敬老、爱老的风气开

⊘ 二十四孝

我国古代颂扬的二十四个尽孝的人。旧有元郭居敬所辑《二十四孝》，集虞舜、汉文帝、曾参、闵损、仲由、董永、郯子、江革、陆绩、唐夫人、吴猛、王祥、郭巨、杨香、朱寿昌、庾黔娄、老莱子、蔡顺、黄香、姜诗、王褒、丁兰、孟宗、黄庭坚二十四人的孝行，用作蒙书。

始流行。百善孝为先，对长辈的尊重、敬爱、赡养、祭祀成为中华民族孝文化的内涵。数千年来，孝文化一直影响着每一个中华儿女。

春秋战国时代，圣哲先贤运用他们的智慧，对社会现实、个人修养、人际关系、人与自然的关系等众多问题提供了解决方案。他们的思想不仅成为中华优秀传统文化的重要组成部分，更是在塑造中华民族的民族精神方面发挥了重要的作用。儒家的"己所不欲，勿施于人""养浩然之气"让我们明白，每个人都应该固守正确的行为规范，养成良好的道德素养；道家的"天地与我并生，而万物与我为一"说明了，我们应该树立万物和谐的生态观念，认识共建地球生命共同体的紧迫性；墨家说，"天下兼相爱则治，交相恶则乱"，这让我们懂得，社会的和谐离不开我们每个人的参与和维护。穿越千年的历史长河，诸子百家的思想仍然散发着智慧的光芒。我们不仅通过诵读经典来传承他们的智慧，更在个人成长中践行这些思想。它们是中华民族宝贵的精神财富。

春秋时代出现了"华夏"的观念，这一观念指的是中原地区的汉族先民，与之对应的是边疆地区的狄、戎、蛮、夷等少数民族。随着周王室日益衰落，边疆的少数民族纷纷进入中原地区。此后，华夏民族与少数民族在生产、生活方式上越来越接近，这说明今天的中华民族在春秋战国时代已经开始形成。我们有责任和义务维护国家统一，促进民族团结。

古代的劳动人民勤劳勇敢，富有智慧。在长期的生产实践中，人们发现，农作物耕种需要根据太阳运行情况进行，而节气能较好地反映太阳运行的周期。智慧的劳动人民把不同的农耕活动安排在不同的节气中进行："立春天渐暖，雨水送肥忙""到了惊蛰节，锄头不停歇"。2016年，二十四节气被列入联合国教科文组织人类非物质文化遗产代表作名录。

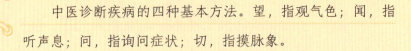

望闻问切四诊法

中医诊断疾病的四种基本方法。望，指观气色；闻，指听声息；问，指询问症状；切，指摸脉象。

今天，我们生活的很多方面，仍然可见春秋战国的影子。春秋时代，有巧匠鲁班，他发明了多种木工工具，成为建筑行业的祖师爷；战国时代，名医扁鹊总结了诊断疾病的望闻问切四诊法，这一方法至今仍是中医行业的行业标准；战国时代，人们根据磁石的特性发明了"司南"，这是我们今天使用的指南针的前身。

春秋战国时代距离现在已经很遥远了。但是，当历史照进现实，我们会发现，历史从未远去，它拥有持久的生命力，潜移默化地影响着我们每个人……